Sieglinde Holl

TIERE IM HERBST

FENSTERBILDER AUS TONKARTON
FÜR KINDER UND ERWACHSENE

frechverlag

Zeichnungen: Richard Knecht
Fotos: frechverlag GmbH + Co. Druck KG, 70499 Stuttgart; Claus Iden

Auflage: 5. 4. 3. 2. | Letzte Zahlen
Jahr: 1999 98 97 96 95 | maßgebend

frechverlag GmbH + Co. Druck KG, 70499 Stuttgart

ISBN 3-7724-1964-X · Best.-Nr. 1964

Druck: frechverlag GmbH + Co. Druck KG, 70499 Stuttgart

Der Winter naht. Die Tage werden kürzer und kälter, und es wird Zeit, sich auf die Jahreszeit, in der es wenig Sonne und Nahrung gibt, vorzubereiten.

Auch der Mensch hat früher für diese Zeit vorgesorgt:
Vorräte an Feuerholz angelegt, Früchte und Gemüse eingemacht, Getreide und Kartoffeln gelagert ...

Heute haben wir es einfacher, aber die Tiere müssen sich auch weiterhin auf den Winter vorbereiten: sie suchen sich einen Unterschlupf zum Überwintern, verstecken Nahrung oder fliehen, wie die Singvögel, in den warmen Süden.

Die Tiere in diesem Buch sind mit Spaß bei der Sache. Wer keine Lust zu Fliegen hat, trampt einfach, der Igel hat sich ein molliges Bett zum Überwintern gesucht, und der Fuchs hat eine ganz besondere Beute gemacht.

Sie und Ihre Kinder haben sicher Ihre Freude an den fröhlichen Fensterbildern und den lustigen Gedichten.

Viel Spaß beim Basteln und Erzählen
von Tiergedichten und -geschichten!

Material und Werkzeug

- Tonkarton in vielen Farben
- Filzstift, weiß, schwarz, rot
- Pluster-Pen
- Klebstoff
- Cutter
- Silhouettenschere
- Glasplatte, dicker Karton oder Linoleum als Schneideunterlage
- Doppelseitiges Klebeband zum Befestigen der Fotokopien

Das Herstellen einer Schablone

Wenn Sie eine Form mehrmals ausschneiden wollen, empfiehlt es sich, eine Schablone davon anzufertigen. Nehmen Sie dazu Transparentpapier, legen es auf den Vorlagenbogen, und zeichnen Sie die Linien mit einem Bleistift nach. Kleben Sie das Transparentpapier mit doppelseitigem Klebeband auf einen festen Karton, und schneiden Sie die einzelnen Teile aus.
Die so gefertigte Schablone läßt sich nun mehrfach verwenden, indem Sie die Konturen der Schablone auf dem farblich passenden Tonkarton mit Bleistift nachzeichnen und ausschneiden.
Bei Motiven, die Sie nur einmal fertigen, wird das Motiv vom Vorlagenbogen abgepaust und direkt ausgeschnitten.
Wenn Sie sich das Durchpausen sparen wollen, sind Fotokopien sehr hilfreich.

Das Ausschneiden des Tonkartons

Wenn Sie das Motiv mit Hilfe eines Cutters auf einer Glasplatte ausschneiden, werden die Konturen ganz exakt und glatt. Es ist aber auch möglich, auf Linoleum oder einem festen Karton auszuschneiden. Wenn in der Kartonunterlage zu viele Schnittstellen sind, müssen Sie sie auswechseln. Wenn die Schnitte nicht mehr glatt werden, ist die Klinge stumpf und muß gewechselt werden.
Halten Sie das Messer wie einen Füllfederhalter, und schneiden Sie locker und zügig drauflos. Arbeiten Sie immer von innen nach außen. Erst die Innenschnitte anfertigen, dann die äußere Kontur ausschneiden. Arbeiten Sie die Bilder doppelt, damit sie von beiden Seiten gleich schön aussehen.
Sie können die Teile natürlich auch mit der Schere ausschneiden. Am besten eignen sich Silhouettenscheren oder Nagelscheren – damit können Sie die Rundungen schön schneiden.
Schneiden Sie mit der Schere zügig und gleichmäßig langsam, damit keine Ansatzstellen zu sehen sind.
Sie können die Kleinteile, die aufgeklebt werden, auch als Tonpapier schneiden, da diese keine Stabilität benötigen und besser mit der Schere zu schneiden sind.

Das Bemalen

Sie können besondere Effekte erzielen, wenn Sie die Modelle mit Pluster-Pen bemalen. Üben Sie zuerst auf einem Blatt Papier, wie sich die Farbe beim Auftragen verhält. Probieren Sie auch aus, wie stark Sie die Farbe herausdrücken müssen, um einen geraden Strich zu zeichnen.
Wenn Sie zu stark drücken, gibt es Kleckse, und wenn Sie zu wenig drücken, setzt die Farbe aus.
Ein klein wenig Übung – und Sie werden sehen, wie viel Freude das Zeichnen mit dem Pluster-Pen macht.
Die Stacheln beim Igel sind z.B. leicht aufzumalen: Sie setzen den Stift an und machen aus dem Punkt heraus einen kleinen Strich.
Zehen, Fell und Haare müssen so nicht mehr ausgeschnitten werden, sondern werden einfach aufgezeichnet. Bei einigen Tieren werden auch die Augen dick mit Pluster-Pen eingezeichnet und aufgeplustert; somit können Sie den plastischen Ausdruck verstärken.
Sie können durch das Bemalen sehr gute Effekte erzielen, die mit anderen Farben nicht möglich sind. Die Struktur des Pluster-Pens ist nach dem Fönen plastisch und wirkt zum Teil wie Fell.
Nach dem Trocknen plustern Sie die Farbe mit dem Fön auf.
Fönen Sie die aufgetragene Farbe von der Seite und nicht von oben, damit diese sich gleichmäßig nach oben aufplustern kann.

Bild 1

Mit einer vorher gefertigten Schablone wird die Grundform auf den farblich passenden Tonkarton übertragen.

Bild 2

Mit einer spitzen Schere oder einem Cutter werden die einzelnen Teile ausgeschnitten.

Bild 3

Legen Sie die Einzelteile zur Probe aufeinander, und kleben Sie dann das Tier zusammen.

Bild 4

Jetzt werden die Tiere mit Plusterfarbe verziert. Nach dem Trocknen wird die Plusterfarbe mit dem Fön aufgeplustert.

Sanfter Schlummer

Ich leg' mich in mein Bett hinein
und schlafe in den Frühling rein.

Kleben Sie die beiden Kopfteile aufeinander. Malen Sie mit weißem Pluster-Pen die Stacheln von der Stirn aus nach oben und zur Seite. Kleben Sie Nase und Schnullerteil auf das Gesicht, und malen Sie die Wimpern mit Filzstift auf. Nachdem die Plusterfarbe getrocknet ist, plustern Sie diese auf. Kleben Sie den Kopf auf das Kissen, die Bettdecke hinter die Wiege, darauf befestigen Sie die Pfoten und den Schnullerring. Verbinden Sie die Schnullerteile miteinander. Wenn Sie die Wiege verzieren wollen, malen Sie das Muster mit Bleistift vor und dann mit Pluster-Pen nach. Wenn die Farbe trocken ist, wird sie mit dem Fön aufgeplustert.

Eichhörnchens Nüsse

**Für jede dieser Nüsse
bekomm' ich viele Küsse.**

Übertragen Sie die Einzelteile vom Vorlagenbogen auf Ihren farbigen Tonkarton, und schneiden Sie diese mit der Schere oder dem Cutter aus. Kleben Sie hinter den Körper das Blatt und die Füße, auf den Körper das Auge, die Schürze und den Arm. Zwischen Arm und Schürze werden die Nüsse befestigt. Verzieren Sie mit Pluster-Pen die Ohren, die Brauen, die Schnauze, den Arm, das Bein und die Krallen.
Der Lichtreflex im Auge und die Schnauze sind mit Filzstift eingezeichnet.
Nach dem Trocknen können Sie die Farbe mit dem Fön aufplustern.

Transport-Unternehmen

Den Weizen bring ich fort,
an einen sicheren Ort.

Übertragen Sie die Einzelteile vom Vorlagenbogen auf Ihren farbigen Tonkarton, und schneiden Sie diese mit der Schere oder dem Cutter aus. Kleben Sie auf die Schubkarre den Weizen, die Hose (Strich-Punkt-Linie) auf den Mäusekörper (gestrichelte Linie), den Arm auf den Körper und den Griff der Schubkarre. Auf den Kopf kleben Sie das Innenohr, das Auge und die Nasenspitze. Mit Pluster-Pen werden das Haarkleid der Maus an Kopf und Arm und die Krallen an der Pfote eingezeichnet. Beim Weizen können Sie die Körner mit Gelb einzeichnen. Die Mundöffnung, der Lichtreflex im Auge und die Radbefestigung werden mit Filzstift aufgemalt. Zum Schluß wird die Farbe mit dem Fön geplustert.

Petri Heil

Heute gibt's zum Mittagstisch –
ich vermute ganz stark – Fisch.

Befestigen Sie auf dem Vogelkörper (durchgezogene Linie) das Auge, das weiße (gepunktete Linie) sowie das californiablaue Federkleid (gestrichelte Linie). Der Schnabel wird oben am Kopf unter und unten am Kopf über das Federkleid geklebt. Den rechten Flügel kleben Sie von hinten am Körper fest, die Angel wird an Flügel und Körper befestigt. Darauf die grünen Flügelteile anbringen. Den Fuß kleben Sie von hinten an. Den Fisch befestigen Sie am Haken der Angel, und den Vogel setzen Sie auf den Baumstumpf. Bemalen Sie den Fisch mit blauer Plusterfarbe, und plustern Sie diese nach dem Trocknen mit dem Fön auf. Die Lichtreflexe in den Augen malen Sie mit weißem Filzstift ein.

Honigernte

Schöpf' ich den Honig mit der Kelle,
füllt sich der Eimer auf der Stelle.

Übertragen Sie die Einzelteile vom Vorlagenbogen auf den entsprechenden Tonkarton, schneiden Sie sie mit der Schere oder dem Cutter aus. Kleben Sie auf den schwarzen Bienenkörper (durchgezogene Linie) die gelb-weißen Streifen, das Flügelpaar (gestrichelte Linie) und das Kopftuch. Die zweiteilige Schöpfkelle, Honig und Eimer werden an den Vorderbeinen befestigt. Der Blumenkelch besteht aus drei Teilen. Nachdem Sie diese aufeinandergeklebt haben, befestigen Sie die Beine darauf. Das Auge und das Maul werden mit schwarzem Pluster-Pen aufgemalt. An den Beinen werden gelbe Punkte als Blütenstaub aufgemalt. Die Flügel bemalen Sie mit blauer Plusterfarbe. Wenn die Farbe trocken ist, wird sie mit dem Fön aufgeplustert.

Hochzeitsgeschenke

Ich bin der schöne Wiedehopf,
heut' bring' ich keinen Blumentopf.

Übertragen Sie die Einzelteile vom Vorlagenbogen auf Ihren farbigen Tonkarton, und schneiden Sie diese mit der Schere oder dem Cutter aus. Bekleben Sie den Vogelkörper mit der Federhaube, dem Auge, dem Schnabel und dem Flügel. Auf die Federhaube, den Flügel und den Schwanz Verzierungen aus weißem Tonkarton aufkleben. Von hinten werden Schwanz und Bein angeklebt. Die Päckchen stapeln Sie aufeinander und malen anhand des Fotos die Schleifen mit dem passenden Pluster-Pen auf. Ebenfalls Braue und Verzierungen am Schnabel einzeichnen. Der Lichtreflex ist mit Filzstift eingemalt. Fönen nicht vergessen!

Hamsterarbeit

**Und wenn ich schaff' die ganze Nacht,
der Speicher wird heut' vollgemacht.**

Übertragen Sie die Einzelteile vom Vorlagenbogen auf Ihren farbigen Tonkarton, und schneiden Sie sie mit der Schere oder dem Cutter aus. Kleben Sie auf den Körper des Hamsters (durchgezogene Linie) ein Bein von hinten und das andere von vorne. Den linken Arm von hinten an die Weste und diese von vorne auf den Körper kleben. Der rechte Teil der Weste und der rechte Arm werden von hinten befestigt. Die Tragestange hinter den Nacken und vor die Arme legen, anschließend befestigen. Die Pfoten über die Stange legen und festkleben. Die gefüllten Körbe rechts und links an der Tragestange befestigen. Die rote Mundöffnung wird mit Filzstift eingezeichnet. Auge, Zahn, Nase, Barthaare und Ohren werden aufgeklebt. Den Lichtreflex im Auge zeichnen Sie mit weißem Filzstift ein. Mit Pluster-Pen malen Sie die Körner, die Zehen und die Barthaare auf. Zuletzt wird die Farbe mit dem Fön geplustert.

Auf in den Süden

**Ich werd' mein Häuschen jetzt verschließen
und meinen Urlaub sehr genießen.**

Hinterkleben Sie die Fensteröffnung des Hauses mit Dunkelbraun. Von vorne kleben Sie das Dach, die Fensterläden und die Vogelstange auf. Auf den Vogelkörper (durchgezogene Linie) kleben Sie das weiße Federkleid, den Kopf, den Schnabel, das Auge, den Rucksack und den Flügel. Von hinten werden der zweite Flügel und der Fuß befestigt. Verschluß und Träger des Rucksacks werden mit braunem Pluster-Pen eingezeichnet. Plustern Sie die Farbe nach dem Trocknen mit dem Fön auf. Der Lichtreflex im Auge ist mit Filzstift eingezeichnet.

Haus-Bau

Wenn ich hier ein Häuschen bau',
zieh ich ein mit meiner Frau.

Übertragen Sie die Einzelteile vom Vorlagenbogen auf Ihren farbigen Tonkarton, und schneiden Sie diese mit der Schere oder dem Cutter aus. Hinterkleben Sie das ausgeschnittene Loch im Baumstamm mit Goldgelb. Der Vogelkörper (durchgezogene Linie) wird von hinten mit dem Schnabel, dem Hammer, der weißen Brust und dem Fuß hinterklebt. Von vorne werden Auge, Haare (punktierte Linie), Hut und Flügel angebracht.

Der zweiteilige Stechbeitel wird zwischen Flügel und Baumstamm befestigt. Sie können mit braunem Pluster-Pen die Baumrindenmaserung einzeichnen und mit dem Fön aufplustern. Der Lichtreflex im Auge ist mit weißem Filzstift eingezeichnet.

Dachsbau

Mit so viel Laub und noch mehr Heu,
ich im Bau mein Lager streu'.

Übertragen Sie die Einzelteile vom Vorlagenbogen auf den entsprechenden Tonkarton, und schneiden Sie diese mit der Schere oder dem Cutter aus. Kleben Sie auf den weißen Grundkörper (gestrichelte Linie) das graue Fellteil (durchgezogene Linie). Ein Arm wird von vorne, der andere von hinten befestigt. Der rechte Fuß und der linke Schenkel werden anhand des Fotos angebracht. Das Heubündel wird zwischen Arm und Körper plaziert. Auge, Nase und Ohr werden von vorne angebracht. Auf das graue Fellteil malen Sie weiße und auf die Blätter braune Plusterfarbe. Auge und Mund werden mit Filzstift aufgemalt. Fönen nicht vergessen.

Vogel zu Fuß

Damit ich nicht weit fliegen muß,
tramp ich oder geh' zu Fuß.

Übertragen Sie die Einzelteile vom Vorlagenbogen auf Ihren farbigen Tonkarton, und schneiden Sie sie mit der Schere oder dem Cutter aus. Kleben Sie auf den Körper des Vogels (durchgezogene Linie) die dunkelgrauen Federteile, den Schnabel, das Kopfteil, das Auge, die Mütze und den Mantel. Der Schirm und die Füße werden von hinten befestigt. Bemalen Sie den Schirm mit blauer Plusterfarbe, und fönen Sie diese nach dem Trocknen. Der Lichtreflex im Auge wird mit Filzstift aufgemalt.

Der Anhalter

Ich geh' auf meine Weise
jetzt auf die große Reise.

Übertragen Sie die Einzelteile vom Vorlagenbogen auf Ihren farbigen Tonkarton, und schneiden Sie diese mit der Schere oder dem Cutter aus. Kleben Sie hinter den Körper (durchgezogene Linie) Fuß, Koffer und den rechten Flügel. Von vorne befestigen Sie Kopf (gestrichelte Linie), Hut, Auge, Schnabel, Schirm und linken Flügel (gestrichelte Linie). Den rechten Flügel und den Hutrand können Sie mit Pluster-Pen bemalen und nach dem Trocknen fönen. Der Lichtreflex im Auge ist mit Filzstift aufgemalt.

Beutezug

Ich bin ein kluger Jägersmann und binde meine Beute an.

Kleben Sie die Jacke (gestrichelte Linie) zwischen Kopf und Beinteil (durchgezogene Linien) des Fuchses. Den Arm auf der Jacke und den Hut mit der Feder auf dem Kopf befestigen. Auf den Kopf werden Ohr mit Bart (Strich-Punkt-Linie), Schnauze und Augen geklebt. Nachdem Sie die Ente zusammengeklebt haben, befestigen Sie diese an der Schwanzspitze des Fuchses. Jetzt können Sie das Ganze mit Pluster-Pen verzieren: Bart, Brauen, Schwanzspitze und Krallen mit Hautfarben, Feder mit Weiß, Hutband und Jacke mit Grün, Jackenknöpfe mit Gelb. Das Halsband wird mit Schwarz aufgemalt. Zum Schluß wird die Farbe mit dem Fön aufgeplustert. Das Auge der Ente und der Lichtreflex im Auge des Fuchses sind mit Filzstift aufgemalt.

Froschversteck

**Ich hab' den ganzen Trubel satt,
verdrück' mich hinter diesem Blatt.**

Pausen Sie das Modell vom Vorlagenbogen ab, und übertragen Sie die Einzelteile auf den entsprechenden Tonkarton. Schneiden Sie die Teile mit der Schere oder dem Cutter aus. Kleben Sie die grauen Teile (punktierte Linie) von hinten am Froschkörper (durchgezogene Linie) fest. Dann folgen ein Arm und ein Bein. Das Auge wird von vorne befestigt. Auf das Blatt kleben Sie den Halm und auf den Halm die Blattspitze. Befestigen Sie den fertigen Frosch auf der Mitte des Blattes, und kleben Sie den Blattstiel auf die Hand des Frosches. Zeichnen Sie mit Pluster-Pen die Nägel an der Blattspitze, die Blattrippen, die Knicke am Halm, den Augenwulst des Frosches und die Teilung seiner Schwimmhäute ein.

Eichhörnchens Schlaf

Ich gehe jetzt zur Ruh'
und deck' mich mit dem Schweife zu.

Kleben Sie auf den Körper (gestrichelte Linie) den Schweif, den Fuß, den Bauch und den Kopf mit Armen (durchgezogene Linie), wobei das linke Schweifteil über den Bauch gelegt wird. Sie können Schweif, Ohren, Schnauze und Pfoten mit Pluster-Pen bemalen. Die Wimpern und die Mundöffnung sind mit Filzstift aufgemalt. Zum Schluß die Farbe aufplustern.

Gartenarbeit

**Ich geh' mit meinem Schäufelchen
und mache ein paar Häufelchen.**

Kleben Sie hinter den Körper (durchgezogene Linie) den Bauch (gestrichelte Linie) und die Füße. Von vorne bringen Sie Hut, Auge und Nasenspitze an. Die Hand kleben Sie hinter den Arm, und dazwischen befestigen Sie den Schaufelstiel. Bemalen Sie mit Pluster-Pen den Hut und das Gesicht. Plustern Sie nach dem Trocknen die Farbe auf. Der Lichtreflex im Auge ist mit weißem Filzstift eingezeichnet.

Hasenschmaus

Daß mich bloß jetzt keiner störe,
wenn ich knabb're an der Möhre.

Kleben Sie auf den Hasenkörper (durchgezogene Linie) Innenohr, Auge, Schwanz und das zweiteilige Lätzchen. Zahn und Karotte werden von hinten angebracht. Verzieren Sie den Schwanz des Hasen und das Karottenkraut mit Plusterfarbe, die Sie nach dem Trocknen mit dem Fön aufplustern können. Der Lichtreflex im Auge wird mit Filzstift aufgemalt.

Nachtwächter

Und schlägt die Uhr zur vollen Stunde,
mach' ich mich auf zur neuen Runde.

Übertragen Sie die Einzelteile vom Vorlagenbogen auf den entsprechenden Tonkarton, und schneiden Sie diese mit der Schere oder dem Cutter aus. Kleben Sie von vorne auf den Vogelkörper (durchgezogene Linie) Hut, Augen, Schnabel, Brust, Flügel, Hellebarde, kleines Flügelteil und zuletzt die Lampe, die von hinten mit goldgelbem Tonkarton hinterklebt wird.
Schwanz und Füße werden von hinten befestigt.
Sie können die Augen mit gelbem Pluster-Pen ausmalen und nach dem Trocknen fönen. Der Lichtreflex im Auge ist mit weißem Filzstift aufgetragen.

Schlafenszeit

**Ich kann nichts Bess're tun,
als über Winter auszuruhn.**

Zunächst wird die Zeichnung vom Vorlagenbogen auf den Tonkarton übertragen, und die Einzelteile werden ausgeschnitten. Kleben Sie das Bettzeug von hinten am Bett fest, wobei die Ecke der Bettdecke über die Bettkante ragt. Malen Sie mit weißem Pluster-Pen die Stacheln auf den Igelkörper (gestrichelte Linien), und plustern Sie diese nach dem Trocknen auf. Hinterkleben Sie das Nachthemd (durchgezogene Linie) mit dem Igelkörper, der aus zwei Teilen besteht, den Füßen und dem Gesicht. Jetzt fehlen nur noch Arm, Auge und Nasenspitze. Der Mund und der Lichtreflex im Auge werden mit Filzstift aufgemalt.